글·그림 로지 이브 Rosie Eve

런던 동부에 살고 있습니다. 일곱 살 때 처음으로 그림책을 만들었고, 광고 일을 하며 사진을 다루고 스토리보드를 만들고 각 장면을 디자인하는 법을 배웠습니다. 사람들에 대한 다큐멘터리, 일본 목판, 만화책, 드라마틱한 영화를 좋아하며 이것들에서 영감을 받아 그림을 그리고 이야기를 만들고 있습니다. 《빙하가 사라진 내일》, 《내일의 숲》이 우리나라에 소개되었으며, 《빙하가 사라진 내일》은 2017년 프랑스 스트랫퍼드 도서관협회와 독립출판사 샐러리야가 주관하는 어린이그림책상 최종 후보에 올랐습니다.

옮긴이 라미파

그림책의 매력에 빠져 어린이들을 위한 책을 기획·번역하고 있습니다. 《빙하가 사라진 내일》처럼 좋은 책을 소개할 때 가장 큰 보람을 느낀답니다. 그동안 옮긴 책으로 《빙하가 사라진 내일》, 《수화로 시끌벅적 유쾌하게》, 《덥석!》, 《꿀꺽!》, 《다 찾았나?》 등이 있습니다.

빙하가 사라진 내일

글·그림 | 로지 이브 옮긴이 | 라미파
펴낸이 | 곽미순 편집 | 윤소라 디자인 | 김경수

펴낸곳 | ㈜도서출판 한울림 편집 | 윤소라 이은파 박미화
디자인 | 김민서 이순영 마케팅 | 공태훈 경영지원 | 김영석
출판 등록 | 2004년 4월 12일(제2021-000317호)
주소 | 서울특별시 마포구 희우정로16길 21
대표전화 | 02-2635-1400 팩스 | 02-2635-1415
블로그 | blog.naver.com/hanulimkids 페이스북 www.facebook.com/hanulim
인스타그램 www.instagram.com/hanulimkids

첫판 1쇄 펴낸날 | 2018년 8월 22일   4쇄 펴낸날 | 2023년 4월 5일
ISBN 979-11-87517-55-9 77860

* 한울림어린이는 ㈜도서출판 한울림의 어린이 책 브랜드입니다.
* 잘못된 책은 바꾸어 드립니다.

어린이제품안전특별법에 의한 제품 표시   제조국 대한민국   사용연령 7세 이상

DEMAIN, IL FERA BEAU
© Saltimbanque Éditions, a brand of Editoins des Sales Gosses, 2018
Published in the Korean language by arrangement with Saltimbanque Éditions through Icarias Agency
Korean translation © 2018 Hanulim publishing Co., Ltd.

이 책의 한국어판 저작권은 Icarias Agency를 통해 Saltimbanque Éditions와 독점 계약한 ㈜도서출판 한울림에 있습니다.
저작권법에 의하여 한국 내에서 보호를 받는 저작물이므로 무단 전재와 복제를 금합니다.

빙하가 사라진 내일

로지 이브 글·그림 | 라미파 옮김

한울림어린이

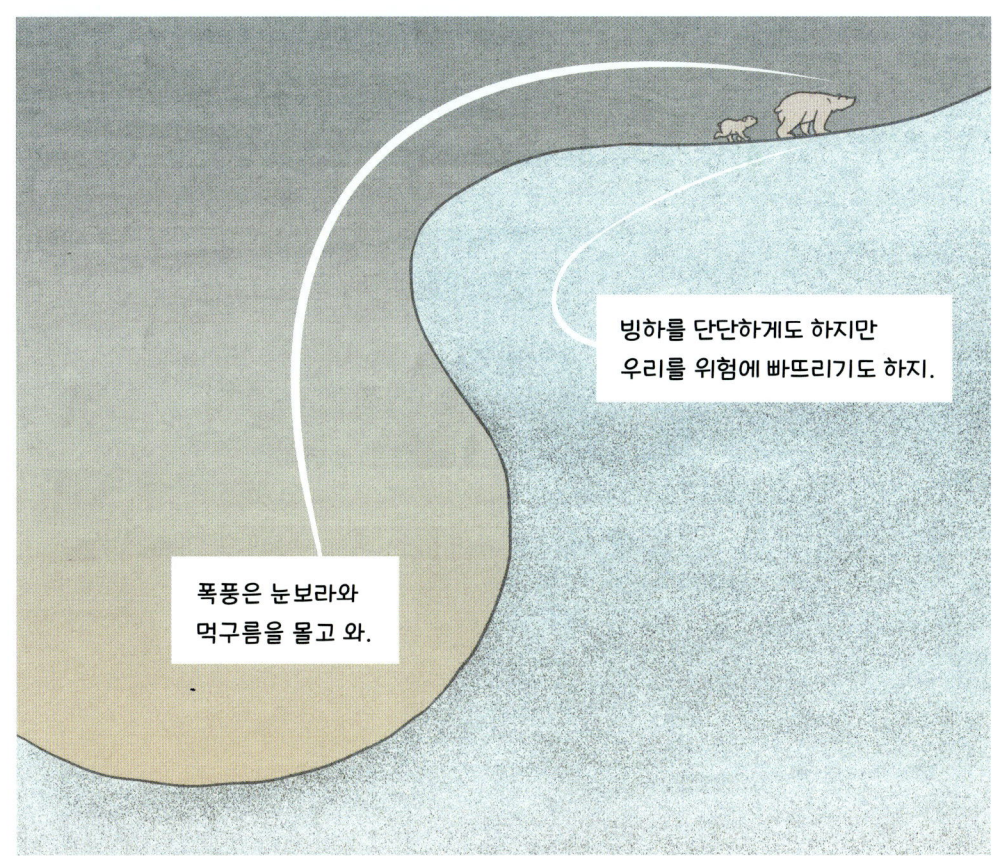

맞아. 지금은 어디든 위험하니까 내 발자국을 잘 따라와. 빙하가 갈라진 틈새에 빠지지 않도록 특히 조심하고.

지금처럼요?

북극곰은 머무를 곳을 찾습니다.

눈보라가 지나가고

바람이 멈추고

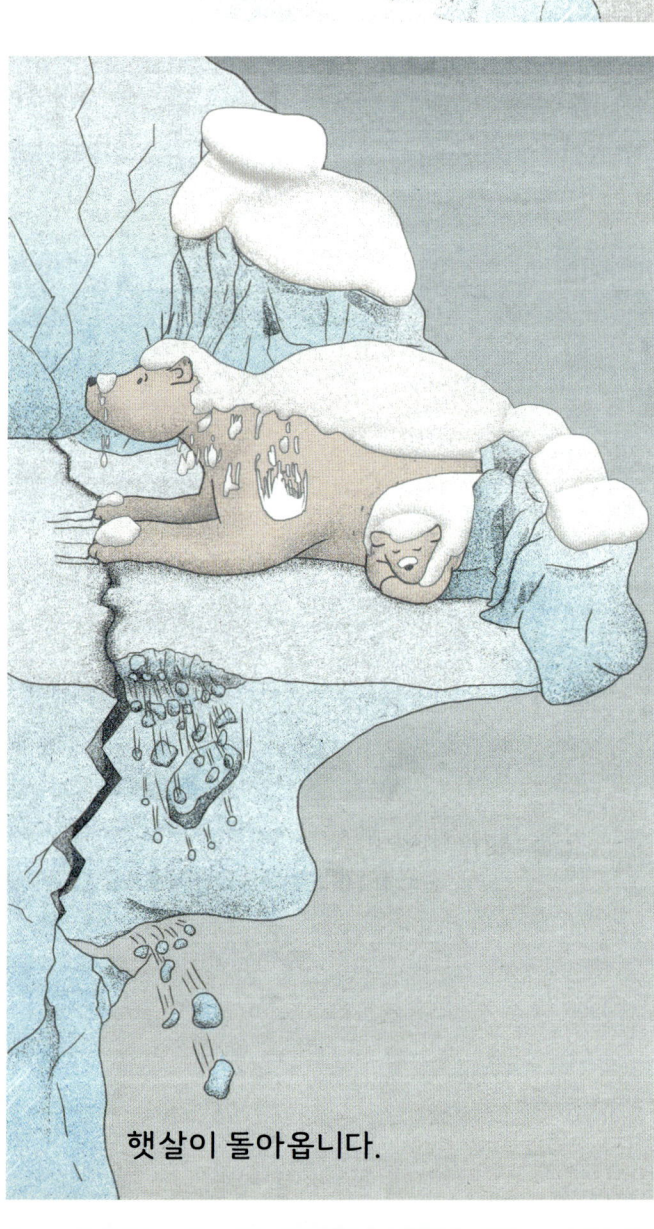

햇살이 돌아옵니다.

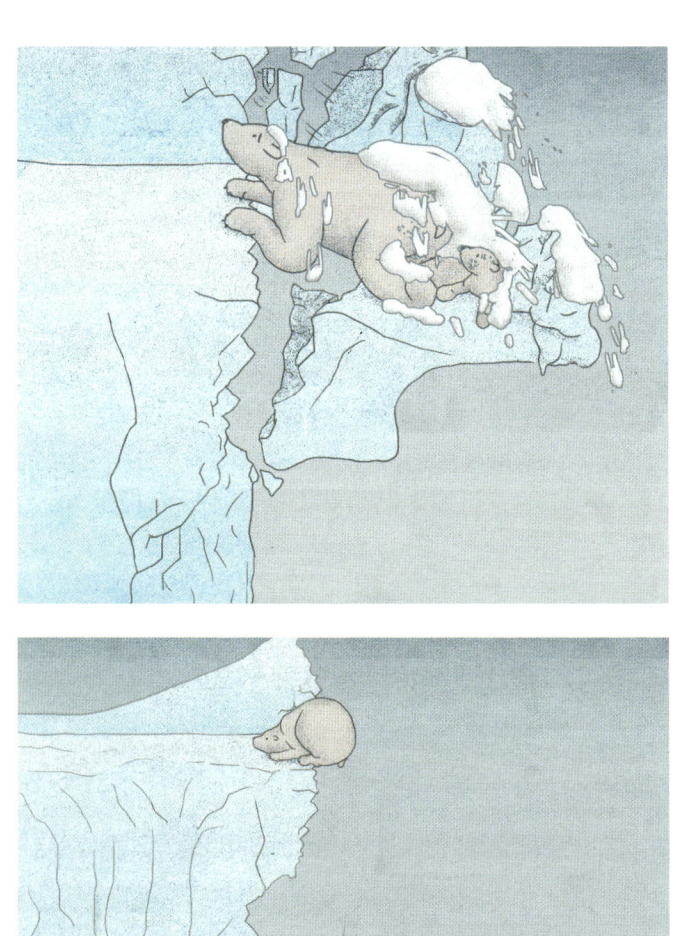

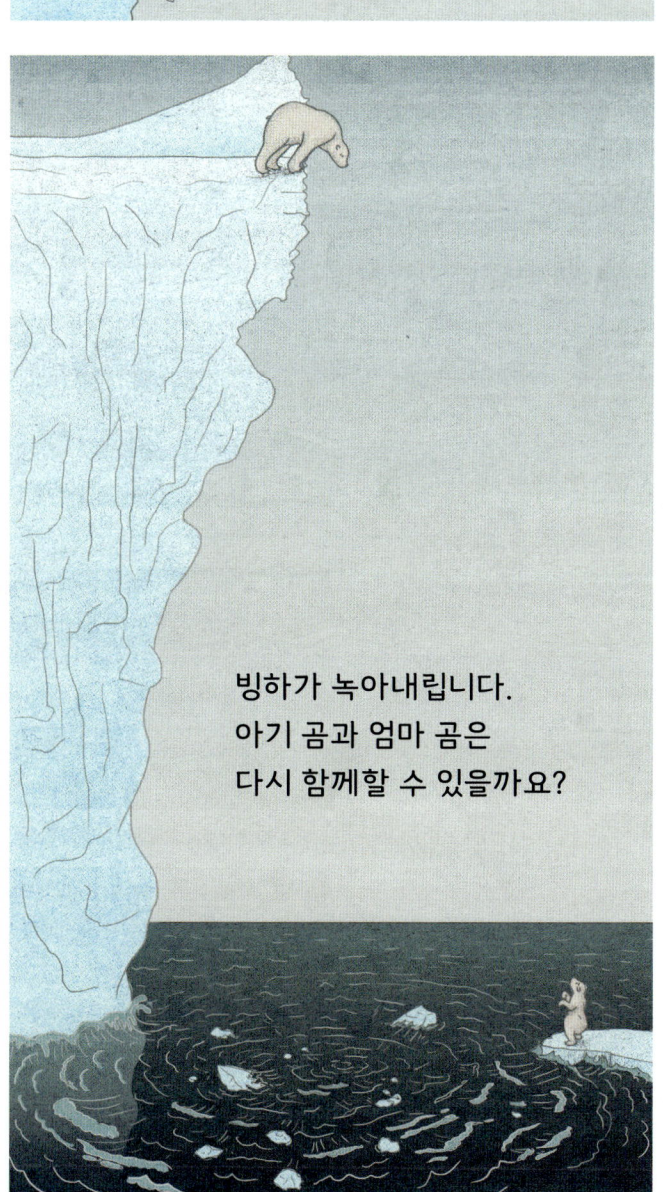

빙하가 녹아내립니다.
아기 곰과 엄마 곰은
다시 함께할 수 있을까요?

햇살은 나쁜 걸까요?

북극곰에게 햇살은 좋기도 하고 나쁘기도 합니다.

햇살은 어둠을 몰아내고 세상을 밝힙니다.
하지만 뜨거운 햇살은 빙하를 사라지게 하죠.

이제 어떻게 해야 할까요?

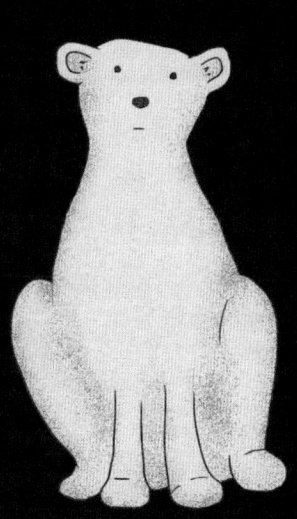

무엇을 해야 할까요?

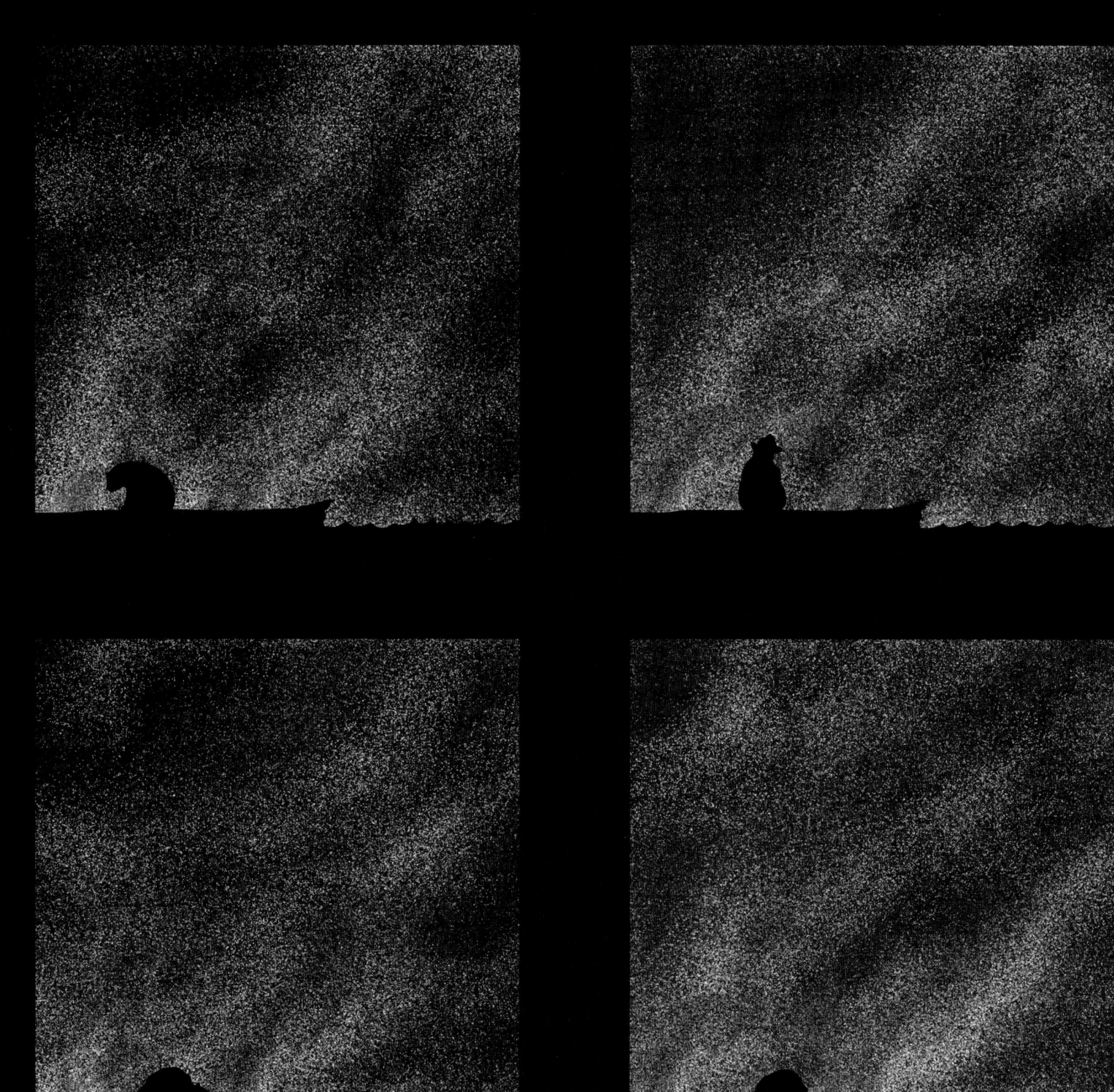

별들이 하나둘 빛을 냅니다.

마침내 어둠을 뚫고

태양이 떠오릅니다.

거대한 바다는 오랜 친구인 아기 곰을 알아봅니다.

용감한 아기 곰은 곧장 헤엄쳐 갑니다.
어딘가에는 엄마가 있고, 함께 머물 곳이 있다고 믿으면서요.

지치고 힘들어 용기를
잃을 때도 있습니다.

하지만 누군가와 함께라면
포기하지 않을 수 있죠.

햇살이 사라지고, 폭풍이 몰려오고,
먹구름이 지나가고, 다시 햇살이 비춥니다.
아기 곰은 계속 나아갑니다.

낯선 곳에서 낯선 친구를 만나기도 합니다.

빙하가 녹아 바다에 잠긴 도시를,
아기 곰은 찬찬히 살피면서 앞으로 나아갑니다.

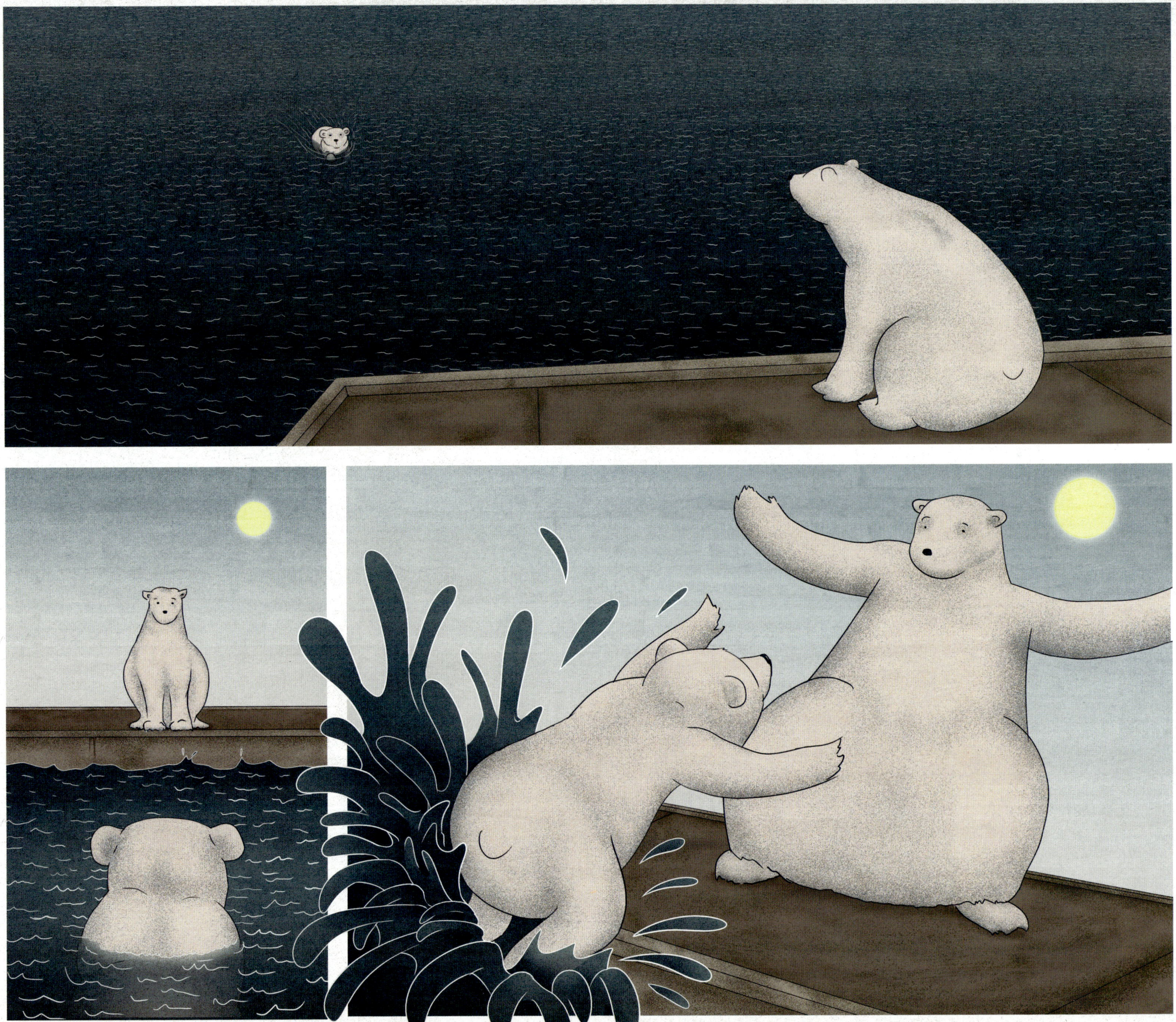

북극을 알아봅시다

'북극(Arctic)'이란 단어는 '곰'이라는 뜻의 그리스어 Arktos에서 유래되었습니다. 작은곰자리와 큰곰자리가 북극성과 가까운 별자리이기 때문이에요.

북극곰의 혀가 푸른색이라고 말하는 사람들이 있어요. 사실 북극곰의 혀는 분홍색이고, 군데군데 검은 얼룩이 있답니다.

북극에는 펭귄이 없습니다. 펭귄은 지구의 남반구와 남극에 살아요. 펭귄과 북극곰은 서로를 전혀 모른답니다!

북극 빙하는 소금기가 없는 물로 이루어져 있어요.

육지에서 북극곰은 시속 40킬로미터의 속도로 달립니다.

북극에 사는 사람은 400만 명에 이릅니다. 북극에는 이누이트 부족을 비롯해 42개의 부족이 있습니다.

빙하는 지구로 들어오는 태양빛을 곧장 대기 중으로 반사합니다.
빙하 덕분에 지구 전체가 시원하게 유지될 수 있어요!

북극은 북극곰, 바다코끼리, 바다표범, 흰돌고래, 외뿔고래, 북극고래, 북극여우와 같은 많은 야생동물들의 보금자리입니다.

하지만 나무 숲이 줄어들고 화석 연료에서 나오는 매연 등으로 태양열이 대기권 밖으로 나가지 못하고 있어요. 이렇게 지구 온난화가 진행되면서 북극의 빙하는 빠른 속도로 녹고 있습니다. 이 속도라면 40년 안에 북극의 빙하는 모두 사라지고 말 거예요.